AF224246

an 5.

Sur la mise en activité de la N.le constitu...

DE LA

COMMUNICATION

ENTRE

Le Corps Législatif et le Directoire, par rapport à la partie diplomatique.

Prix, 8 s. ; et 2 s. de plus par la poste.

A PARIS,

Chez {
Le citoyen Cérioux, Libraire, Quai de Voltaire, N°. 9.
Maret, Lib. Cour des Fontaines, Palais Égalité.
}

1797.

DE LA
COMMUNICATION
ENTRE

Le Corps Législatif et le Directoire , par rapport à la partie diplomatique.

Non de personis ,
Dicere de vitiis............. Juv.

Il n'est pas un homme instruit et de bonne foi , quelque soient d'ailleurs ses opinions politiques , qui ne regarde comme une vérité incontestable , que l'époque de l'affermissement de la Constitution , sera pour la France le terme de ses malheurs passés , et deviendra la base la plus solide de sa prospérité future.

Mais on ne peut se dissimuler en même-temps , que cette même Constitution , qui établit , avec autant de précision que de clarté , les principes fondamentaux du nouveau gouvernement , ne laisse encore beaucoup à désirer , par rapport à la portion de pouvoir qu'elle accorde à chacune des autorités , pour l'exercice de leurs fonctions respectives , en sorte que chaque jour , chaque événement imprévu , fait sentir de

A

plus en plus le besoin de bonnes lois réglementaires , pour remplir les lacunes qui se
trouvent en grand nombre dans l'acte cons-
titutionnel , et éclaircir tous les points de
détail, qui , n'étant pas assez précisés , seroient capables de faire naître des occasions
de querelles entre les principales autorités.

Il est une question d'une bien grande
importance dans tous les temps , mais sur-
tout dans la circonstance actuelle , où nous
approchons de l'époque d'une paix générale,
et cette question demande d'être traitée avec
tout l'esprit de sagesse , de prudence et
d'impartialité qui distingue le nouveau corps
législatif; c'est de déterminer d'une manière
claire, précise et invariable, QUELLE EST LA
NATURE et L'ÉTENDUE DES RELATIONS QUE LA
CONSTITUTION A VOULU ÉTABLIR, ENTRE LE
CORPS LÉGISLATIF et LE DIRECTOIRE EXÉ-
CUTIF , PAR RAPPORT A CE QUI CONCERNE LA
PARTIE DIPLOMATIQUE , et de fixer , par une
loi réglementaire, COMMENT ET DANS QUELLE
FORME DOIVENT SE FAIRE LES COMMUNICA-
TIONS , ENTRE CES DEUX PREMIÈRES AUTO-
RITÉS.

La Constitution ne s'exprime à cet égard
que d'une manière imparfaite , et dont le

(3)

sens seroit susceptible d'être interprété de
plusieurs manières infiniment différentes ;
en sorte que ce silence de la loi, pourroit
un jour devenir, entre les deux Conseils et
le Directoire, s'il s'introduisoit dans ces
deux corps quelques ambitieux ou quelques
brouillons, un germe de contestations sé-
rieuses, dont il est bien nécessaire de prévenir les conséquences.

Je n'aurai point la témérité de porter un
jugement sur une matière aussi délicate ;
je me permettrai seulement de présenter
quelques observations sur les articles 326,
327, 328, 329, 330, 331, 332 et 333, du
texte de la Constitution, TITRE XII. RE-
LATIONS EXTÉRIEURES.

ARTICLE 326.

« La guerre ne peut être décidée que par
» un décret du Corps législatif, sur la
» proposition formelle et nécessaire du
» Directoire exécutif ».

ART. 327.

« Les deux Conseils législatifs concourent
» dans les formes ordinaires au décret
» par lequel la guerre est décidée ».

Ces deux articles ne présentent aucune difficulté : ils établissent un concours nécessaire et unanime entre les deux pouvoirs ; à l'égard de ce concours, le sens du texte de la loi est très-clairement exprimé ; mais ce qni ne l'est pas autant, ce sont les conséquences qu'on peut en tirer.

La Constitution n'a pas voulu, et n'a sûrement pu vouloir, que le Corps législatif se trouvât dans le cas de rendre un décret, pour ordonner qu'une guerre fût déclarée, sans avoir reçu préalablement tous les documens nécessaires, pour pouvoir se décider en suffisante connoissance de cause : il s'ensuit de-là, que le Directoire ne peut refuser la communication ou des originaux, ou au moins une copie des pouvoirs et des instructions qu'il a délivrées à ses agens diplomatiques, ainsi que leur correspondance officielle, afin que le Corps législatif connoisse si tous les moyens convenables pour prévenir une rupture avec les puissances voisines ont été employés, et s'il est bien vrai que la guerre n'ait pas été provoquée à dessein, et qu'elle soit inévitable.

Sans avoir pris communication de toutes ces pièces, alors le Corps législatif prononceroit de confiance et sur parole : il ne le peut ; il ne le doit. Un nombre infini d'abus, de toute sorte d'espèce, naîtroit d'une manière aussi légère de délibérer ; c'est sur-tout dans les commencemens de l'établissement d'une nouvelle forme de gouvernement , qu'il convient de traiter les affaires avec une grande sévérité , et beaucoup de méthode , tant afin de maintenir les principes dans toute leur pureté , et d'accoutumer les peuples à connoître leurs devoirs et leurs droits , et à respecter les lois , que pour empêcher qu'à l'avenir , la PARESSEUSE COMPLAISANCE D'UN CORPS LÉGISLATIF TROP FACILE, ENVERS UN POUVOIR EXÉCUTIF , TOUJOURS ENVAHISSANT DE SA NATURE, NE LAISSE INTRODUIRE DANS LA MARCHE DES AFFAIRES , PLUSIEURS USAGES ABUSIFS QUI COMMENCEROIENT D'ABORD PAR S'ÉRIGER EN DROITS , ET FINIROIENT ENSUITE PAR RENVERSER LE GOUVERNEMENT ÉTABLI.

Mais le Directoire consentira-t-il à donner la communication entière de toutes les pièces qui lui seront demandées par le Corps législatif, et dont les Conseils croiront l'examen indispensable avant de prendre une résolution ?

A 3

Si le Directoire résiste, s'il ne veut pas donner cette communication , soit parce qu'il se croira autorisé de la refuser , en vertu du silence de la loi , soit dans le cas où il seroit possible qu'il eût à craindre que la connoissance de quelqu'unes de ces pièces ne le mît dans le cas de la responsabilité : alors il ne manquera pas , afin de justifier sa résistance, de trouver quelques raisons , bonnes ou mauvaises , mais toujours présentables , puisque la loi n'a pas parlé , et il partira de ce mauvais motif ou de ce faux principe , pour soutenir que les pièces qu'il refuse sont de nature à rester secrettes.

Enfin , le Directoire doit-il donner cette communication ? A-t-il le droit de la refuser lorsqu'il en est régulièrement requis par le Corps législatif? etc. Ce sont deux questions dont il est bien nécessaire d'examiner l'importance ; et avant qu'elles ne s'élèvent , ne vaudroit-il pas beaucoup mieux les discuter paisiblement , et les décider par une loi réglementaire ?

Art. 328.

« En cas d'hostilités imminentes ou com-
» mencées , de menaces ou de prépa-

» ratifs de guerre contre la République
» française, le Directoire exécutif est
» tenu d'employer, pour la défense de
» l'État, les moyens qui sont mis à sa
» disposition, à la charge d'en préve-
» nir, sans délai, le Corps législatif ».

« Il peut même indiquer, en ce cas,
» les augmentations de forces, et les
» nouvelles dispositions législatives que
» les circonstances pourront exiger ».

Cet article paroît d'abord très-clair, et
semble ne demander aucune explication :
le Directoire agit pour la défense de l'État ;
en prévenant à l'instant le Corps législatif
des mesures qu'il a prises, il est en règle :
s'il en propose de nouvelles, le Corps législatif les approuve ou les rejette ; il en
a le droit : point de difficultés dans tout
cela, quant au MATÉRIEL de l'opération ;
mais il y auroit beaucoup à dire dans le cas
où l'événement d'une déclaration de guerre,
et un commencement d'actes d'hostilités,
qu'il est facile de provoquer, seroit le résultat de quelque combinaison machiavélique, ou de la volonté, particulièrement
intéressée, d'un Directoire plus ambitieux

que patriote, et qui, à l'exemple de ce per-
fide gouvernement anglais, auroit besoin
des désordres inévitables et des embarras
inséparables d'une guerre, afin d'étendre sa
prérogative, et de fortifier son influence, en
augmentant le nombre de ses créatures. En
effet, que de places à donner en temps de
guerre ! que de fournitures à faire ! que de
marchés à passer ! que d'argent à remuer ! que
de moyens d'embrouiller la comptabilité !
que de traités *partiels* à négocier ! etc. etc.

Ce n'est que dans l'examen des pouvoirs,
des instructions et des correspondances officielles des agens diplomatiques, que le
Corps législatif doit chercher, et peut espé-
rer de trouver des motifs valables pour
accepter ou rejetter les propositions qui lui
sont adressées par le Directoire sur cette
matière.

A r t. 329.

« Le Directoire seul, peut entretenir des
» relations politiques au dehors, con-
» duire les négociations, distribuer les
» forces de terre et de mer, ainsi qu'il
» le juge convenable, et en régler la
» direction en cas de guerre ».

Sans doute le Directoire est chargé SEUL de tous les détails des négociations au dehors ; cela est juste, puisqu'il est SEUL responsable de ses actes et de ceux de ses agens ; mais s'il se présentoit quelques circonstances dans lesquelles le Corps législatif auroit à prendre en considération quelques affaires tenantes à la diplomatie, alors il reste à examiner la question suivante.

Le Corps législatif doit-il adresser au Directoire un message sur les affaires de la nature de celles dont il est ici question? ou doit-il porter une loi pour lui enjoindre d'entamer une négociation, et de la suivre d'après les principes qu'il pose ?

Il convient de présenter un exemple.

Les lois françaises et les traités donnent aux Suisses toute la facilité possible pour s'établir en France ; pour s'y intéresser dans des maisons de commerce, et même y en former sous leur nom et à leur propre compte ; pour y exercer toutes espèces d'arts et métiers ; enfin, pour y déployer sûrement et librement leur industrie : au contraire, dans la plupart des cantons, les Français sont exclus de presque tous ces avantages, etc. etc.

Que sur une pétition , ou sur la motion expresse de l'un de ses membres, le Corps législatif croye devoir prendre un pareil objet en considération , et veuille bien décidemment établir pour principe qu'ENTRE LES NATIONS AVEC LESQUELLES LA RÉPUBLIQUE FRANÇAISE CORRESPOND , IL Y AIT UNE PARFAITE ET CONSTANTE RÉCIPROCITÉ D'AVANTAGES ; alors , comment doit-il procéder? Invitera-t-il le Directoire , par un simple message , à entrer en négociation , pour introduire parmi les peuples le systéme d'égalité parfaite qu'il propose , ou bien lui ordonnera-t-il de le faire en vertu d'une loi ?

Sans doute il seroit facile de tourner autour de la question , et d'éluder la nécessité d'une décision , en prenant quelques mesures d'adresse ; mais il ne s'agit pas ici de ruser ; il s'agit d'examiner et de prononcer sur une question de droit , afin de prévenir de graves sujets de contestation pour l'avenir.

Je sais parfaitement que la forme d'une invitation par un message, seroit beaucoup plus polie ; mais aussi , elle pourroit fort bien ne produire aucun effet utile ; car si le Directoire n'y vouloit pas avoir égard ,

alors le bien ne se feroit pas , et la question resteroit indécise.

Dans une pareille conjoncture , et afin
de ne laisser subsister aucune incertitude
sur cette question délicate, ne faudroit-t-il
pas mieux prendre tout de suite le parti de
faire une loi ? Certainement le Directoire
obéira à cette loi, dès qu'elle aura été portée
régulièrement et d'après les formes consti-
tutionelles., puisqu'il seroit responsable de
sa non exécution ; mais peut-être obser-
veroit-il aussi que cette affaire tient à la
diplomatie ; que lui SEUL est chargé de ce
qui concerne cette partie ; enfin , qu'il est
de son devoir de conserver dans toute son
intégrité l'exercice des droits que lui attribue
la loi constitutionelle de l'État ; appuyant
sa prétention sur un principe aussi respec-
table , ne pourroit-il pas se plaindre, avec
quelqu'apparence de fondement , que le
Corps législatif prend une initiative qui ne
lui appartient pas ? Aussitôt la lutte com-
menceroit, et pour peu que l'humeur et
l'amour-propre s'en mélassent, et que *quelques intéréts particuliers fussent froissés* ,
aussitôt une querelle très-sérieuse s'engage-
roit. Il vaudroit donc beaucoup mieux, pour

la décence et le bien de la paix, prévenir un pareil événement, en examinant à l'avance et en décidant la question.

A r t. 33o.

« Le Directoire est autorisé à faire les
» stipulations préliminaires, telles que
» des armistices, des neutralisations :
» il peut arrêter aussi des CONVENTIONS
» SECRETTES. »

La Constitution autorise le Directoire à stipuler des CONVENTIQNS SECRETTES ; ce cas doit se présenter souvent dans des articles préliminaires de paix, ou dans des conventions particulières, pour des armistices et des trèves ; mais dans tous ces différens cas, s'il peut stipuler des conventions secrettes, et que ces conventions puissent rester secrettes, alors il dépendra de sa volonté de ranger dans cette cathégorie tous les détails et toutes les pièces officielles qui pourroient avoir, ou qu'il voudroit supposer avoir quelques rapports avec elle, ou dont IL AUROIT INTÉRÊT DE DÉROBER LA CONNOISSANCE AU CORPS LÉGISLATIF : or, n'éluderoit-il pas par ce moyen

l'incommodité et les dangers de la responsabilité ? C'est pourquoi ne conviendroit-
il pas également au maintien de la paix
et de la bonne harmonie entre les premières autorités, et à la sûreté de l'État,
d'examiner les deux questions suivantes,
et de déterminer;

1°. Si régulièrement et sans danger pour
l'avenir, il peut et il doit exister pour le
Corps législatif quelques actes secrets en
matière de politique et d'administration?

Et, 2°. s'il n'est pas à propos de déterminer en quoi peuvent consister ceux de
ces actes qui sont de nature à rester secrets, et de fixer une époque précise à
laquelle ils doivent cesser de l'être.

A r t. 331.

« Le Directoire exécutif arrête, signe,
» ou fait signer avec les puissances
» étrangères tous les traités de paix,
» d'alliance, de trève, de neutralité,
» de commerce et autres conventions
» qu'il juge nécessaires au bien de
» l'État; ces traités et conventions sont
» négociés au nom de la République
» française par des agens diploma-
» tiques nommés par le Directoire

» exécutif, et chargés de ses instruc-
« tions. »

A r t. 332.

« Dans le cas où un traité renferme des
» ARTICLES SECRETS, les dispositions
» de ces articles ne peuvent être des-
» tructifs des articles patens, ni con-
» tenir aucune aliénation du territoire
» de la République. »

Que dans les conditions d'une armistice
ou d'une trève, et dans des préliminaires
de paix ; que dans des traités entre des
souverains, parmi lesquels des relations
de parenté et des calculs d'ambition fondés
sur des projets de mariage, sur des droits
à des successions éventuelles, et sur des
discussions par rapport à des partages ,
motifs qui multiplient à l'infini toutes les
combinaisons d'intérêts particuliers, il y
ait des ARTICES SECRETS , cela est très-
possible et fort ordinaire; mais que dans
un traité général de paix ou de commerce,
cela soit, il n'y a rien de moins nécessaire:
je soutiens même qu'il n'est pas de circonstances qui puissent commander impé-
rieusement une pareille mesure à une puis-
sance du premier ordre, lors sur - tout

qu'elle est constituée en république , et
que ses affaires politiques sont dirigées avec
noblesse , intelligence , et habileté.

En général, les ART. SECRETS ne servent
guères dans les traités, que pour mettre à
couvert les combinaisons déloyales et perfides de ces gouvernemens lâches et cor-
rompus, dont la science et l'adresse consistent à préparer et à mettre à profit toutes
les occasions de s'aggrandir, en trahissant
sans cesse leurs alliés, et en dépouillant
leurs voisins : ils servent encore pour ca-
cher sous un voile mystérieux, qu'on sou-
lève toujours à peu de frais , et sans beaucoup d'efforts, ces vilaines et méprisables
trigauderies diplomatiques qui sont si fort
au-dessous de la dignité d'une grande nation.

C'est en vain qu'on dira que les dispositions de l'article 332 préviennent tous les
inconvéniens qui résulteroient des conventions secrettes, puisqu'elles ne peuvent être
*destructives des articles patens , ni conte-
nir aucune aliénation du territoire de la
République.*

En effet , ou ces conventions secrettes
couvrent des vues d'une grande importance,
ou elles sont d'un foible intérêt; si elles

sont d'un foible intérét, alors, qu'importe qu'elles soient rendues publiques ? Si, au contraire, elles couvrent des vues d'une grande importance, c'est toujours comme si elles n'existoient pas ainsi. Pourquoi ne pas les insérer dans le corps de traité, puisqu'elles ne peuvent d'ailleurs avoir aucun effet, qu'après avoir été soumises à l'examen et à la ratification des deux Conseils, qui peuvent les rejetter ?

Quel peut donc être le véritable objet de toutes ces conventions secrettes ? Seroit-ce de la part du Directoire, pour se réserver la faculté de tromper les autres puissances, en leur faisant des promesses qu'il pourroit se dispenser de tenir, puisqu'il a la certitude que les deux Conseils ne les ratifieroient pas si elles étoient contraires à l'honneur et aux intérêts de la nation ? Ce seroit donc pour contribuer à couvrir une perfidie gratuite ? En vérité, tous ces moyens sont trop vils et trop au-dessous de la dignité d'une grande nation, pour qu'on puisse supposer au gouvernement une aussi machiavélique intention.

Je ne puis trop le répéter, la plus grande publicité convient aux transactions des

peuples

peuples du premier ordre ; car ceux - là
peuvent tout ce qu'ils veulent ; ceux - là
n'ont aucun besoin d'être ambitieux , in-
justes et perfides ; ils ont au contraire intérêt d'être généreux et fidèles à leurs en-
gagemens : dès-lors, quel besoin peuvent-
ils avoir d'insérer dans leurs traités de
paix , d'alliance, et de commerce , des
ARTICLES SECRETS.

Par rapport aux articles secrets , il y
auroit encore quelques observations à présenter , c'est que très-souvent ils sont le
prix de la corruption ; ensorte qu'il y a
beaucoup de ministres et d'agens diplomatiques qui soutiendront la nécessité d'en
maintenir l'usage, *ne fut-ce que par cette
seule raison.*

Cette réflexion , fondée sur des motifs
dont il seroit facile de démontrer la puis-
sance, en présentant de fortes raisons et
de grands exemples , conduit tout naturel-
lement à l'examen de plusieurs questions
délicates , sur lesquelles il seroit nécessaire
que le Corps législatif prît une mesure sé-
vère. Les voici :

1°. Est-il de la dignité de la République
française que les membres du Directoire ,

ou ses agens quelconque , reçoivent des présens de la part des puissances étrangères ?

2°. Dans le cas où les uns et les autres y seroient autorisés par une loi , ne conviendroit-il pas de faire décider par cette loi , de quelle nature , et jusques à la concurrence de quelle somme , peut s'élever la valeur des présens qu'il leur seroit permis de recevoir , sans être tenus d'en rendre compte à l'instant.

3°. etc. , etc. , etc.

A r t. 333.

« Les traités ne sont valables qu'après
» avoir été EXAMINÉS et RATIFIÉS par
» le Corps législatif ; néanmoins les
» conditions secrettes peuvent rece-
» voir leur exécution dès l'instant
» même où elles sont arrêtées par le
» Directoire. »

La Constitution veut que le Corps législatif EXAMINE et RATIFIE les traités, sans laquelle formalité ils n'ont aucun effet. Le Pouvoir exécutif qui , PAR SA NATURE, et SOUS TOUTE ESPÈCE DE FORME DE GOUVERNEMENT QUE CE SOIT , TEND TOUJOURS A

AUGMENTER SON INFLUENCE ET SA PRÉROGA-
TIVE, AU PRÉJUDICE DE CELLE DU POUVOIR
LÉGISLATIF, QU'IL ÉCRASE TÔT OU TARD, ne
manquera pas d'élever la prétention, que
la Constitution ne lui impose pas d'autres
obligations à remplir envers le Corps législatif que celles de lui présenter purement et
simplement le traité, tel que, conformé-
ment à son droit, il l'a approuvé et signé,
pour être ensuite ratifié.

Mais il faut observer qu'en diplomatie,
on peut également avoir tort, en ne faisant rien, tout comme en faisant mal ;
et que le même traité peut être à-la-fois
bon et mauvais, parce que ce sont les circonstances dans lesquelles le négociateur
s'est trouvé, et dont il a fait un bon ou
mauvais usage, qui déterminent le mérite
ou le défaut de son opération.

Or, comment le Corps législatif pourroit-il examiner un traité de paix et de
commerce dont les articles sont ordinaire-
ment extrèmement compliqués et le résultat
d'un grand nombre de combinaisons, ou
scientifiques, ou fondées sur des intrigues
de cour, et certains détails qui ne sont
connus que de très-peu de personnes ; com-

ment , dis-je , pourroit-il approuver ou désapprouver les dispositions du traité que le Directoire présente à sa ratification , si en même-temps que ce traité lui est adressé, il n'étoit pas accompagné de toutes les pièces officielles et autres documens , sans lesquels il lui seroit absolument impossible de l'examiner et d'en apprécier le mérite ?

Sans doute, le Corps législatif ne peut et ne doit point administrer : la constitution lui en interdit la faculté ; mais c'est lui qui fait les lois, d'après lesquelles le pouvoir exécutif administre. L'examen des traités qui sont soumis à sa ratification ne peut être considéré comme un acte d'administration ; cet examen est une de ses plus importantes attributions : d'après cela, comment se pourroit-il qu'il n'eut pas la faculté de faire toutes les lois réglementaires qui lui sont nécessaires pour l'exercice de cette attribution ? Enfin, n'est-ce pas à lui non seulement de surveiller l'exécution de toutes les lois , mais encore d'ordonner la punition de ceux qui les transgressent ? Ne peut-il, ne doit-il pas mettre les coupables , même le directoire en état d'accusation, dans les cas prévus

par la loi, et les traduire par devant les tri-
bunaux compétens ? Mais comment le Corps
législatif pourroit-il exercer cette impor-
tante et terrible fonction, et cette attribution ne seroit-elle pas illusoire, si les
deux conseils n'avoient pas à leur disposition les moyens de règle et de force pour
se faire représenter toutes les pièces utiles à
l'instruction de la procédure, et tous les documens dont ils ne peuvent se passer pour
asseoir leur opinion et prononcer ensuite
un jugement équitable ?

En affaires d'administration, peut - on
chercher des renseignemens certains et
des preuves à charge et à décharge, ailleurs
que dans les pouvoirs, les instructions,
les ordres et les correspondances officielles?
Ces pièces ne sont-elles pas également la
garantie de ceux qui donnent les ordres,
comme de ceux qui les exécutent ; et par
conséquent, en cas de délit, ne sont-elles
pas celles qui doivent servir à leur con-
damnation?

De toutes les considérations que je viens
de présenter, il résulte qu'il importe à
l'affermissement de la Constitution, ainsi
qu'à la tranquillité et à la sûreté de l'État,

què le Corps législatif fasse promptement des lois réglementaires sur les questions suivantes.

Première Question.

Lorsque le Corps législatif doit examiner et ratifier un traité de paix, de commerce, ou autre, le Directoire exécutif ne doit-il pas, sur sa première réquisition, être tenu de lui donner l'entière communication de la totalité des pièces qui y sont relatives, telles que pouvoirs, instructions, correspondances officielles des ministres avec les agens diplomatiques, et autres documens?

Deuxième Question.

Sur le prétexte que dans les traités il peut y avoir quelques articles secrets, le Directoire a-t-il le droit de refuser la communication d'un certain nombre de pièces, en déclarant qu'elles sont essentiellement liées aux dispositions des articles secrets?

Troisième Question

Dans le cas d'un refus formel, de la part du Directoire, quelle voie est ouverte

(23)

par la Constitution au Corps législatif pour obtenir la remise desdites pièces ? Le directoire peut-il y être contraint, en vertu d'une loi?

Quatrième Question.

Attendu que le secret est rarement nécessaire pour la conduite des affaires d'une grande nation, (*Voyez* ci-dessus , examen des art. 331 , 332. pag. 13) ou que s'il l'est , ce ne peut être que pour quelques momens, ne convient-il pas de déterminer une époque fixe , telle que celle d'un traité définitif, ou celle de........ ans , au-delà de laquelle le Directoire sera tenu d'informer le Corps législatif des dispositions des articles secrets?

Cinquième Question.

Lorsque le Corps législatif se trouve dans le cas de prendre en considération quelques objets qui ont des rapports avec la diplomatie , est-ce en vertu d'un simple message , ou en vertu d'une loi, qu'il doit inviter par l'un , ou ordonner par l'autre au Directoire de négocier d'apres le prin-

B 4

cipe qu'il prescrit par cette loi? (*Voyez
ci-dessus*, examen des art. 329 et 330. p. 11).

Sixième Question.

Est - il de la dignité de la République
française que le Directoire et ses agens
diplomatiques reçoivent directement ou
indirectement des présens de la part des
Puissances étrangères?

Dans ce cas, les uns et les autres ne
doivent-ils pas déclarer en quoi consistent
les présens? Comment, dans quelle forme,
et quel délai, cette déclaration doit - elle
parvenir au Corps législatif? Ne convient-
il pas que cette déclaration soit consignée
dans le procès-verbal de la séance? N'est-
il pas nécessaire de déterminer, d'une manière très-précise, quels sont les objets,
et jusques à la concurrence de quelle somme
un agent du gouvernement peut recevoir,
directement ou indirectement, un présent,
sans être tenu d'en faire à l'instant la déclaration?

En cas d'infraction à la loi, la peine de
la destitution doit-elle suffire contre l'Agent
du gouvernement, quel qu'il soit, qui,

sans le déclarer , auroit reçu un présent ,
d'une valeur au-dessus de celle qui auroit
été autorisée ? L'histoire de tous les siècles
atteste que c'est la corruption qui a perdu
toutes les républiques ; il n'est donc pas
de châtimens trop sévères pour réprimer
les délits d'une pareille espèce.

Septième Question.

Ne seroit - il pas extrêmement utile dans
la circonstance présente , d'ordonner que
tous les membres et agens du gouvernement
soient tenus de déclarer ce qu'ils ont reçu
directement ou indirectement , soit en argent, soit en présens d'une valeur quelconque, de la part des Puissances étrangères , depuis l'époque de la proclamation
du Gouvernement républicain, ou au moins
depuis la mise en activité de la Constitution actuelle ?

La liste de ces présens , si elle étoit
exacte, expliqueroit un bien grand nombre
de causes qui ont produit beaucoup d'ef-
fets très-singuliers

J'ajouterai à cette observation que si je
me suis servi souvent de l'expression *di-*

rectement et *indirectement*, c'est que j'ai dû le faire, attendu qu'il y a quelques personnes qui ne reçoivent rien qu'avec la main d'un autre.

Huitième et dernière Question.

Depuis longtemps le Corps législatif **a** déterminé par des lois le mode d'admission et d'avancement dans les armées de terre et de mer : pourquoi ne prendroit-il pas une pareille mesure par rapport à la partie diplomatique et aux consulats ? Ces deux parties demandent des connoissances profondes, que l'on n'acquiert jamais que par un travail assidu, joint à un très-long usage du monde, et à une grande connoissance des hommes et des affaires. Cette vérité a été perdue absolument de vue pendant cet affreux règne du sans-culotisme, où la plupart de ceux qui ont été mis en évidence, n'étoient que des enragés et des ignorans : aussi, comment cette partie a-t-elle été administrée ? Comment la plupart des choix ont-ils été faits ? D'après quel système incohérent, bourru et sans plan les opérations diplomatiques n'ont-elles pas été souvent conduites ; enfin, combien d'hommes peu propres à ce service sont encore en place ?

Mais maintenant que le retour de la paix va rétablir les anciennes relations politiques et commerciales entre la République et les autres nations de l'Europe, il importe désormais aux intérêts et à la dignité de la France, de n'employer au-dehors que des hommes capables, purs et propres à inspirer une grande considération pour le peuple Français qu'ils ont l'honneur de représenter, et une confiance entière dans les lumières et la moralité du nouveau gouvernement qui les choisit.

D'après cela, pourquoi le Corps législatif ne s'occuperoit-il pas sans délai de l'examen et de la discussion des objets suivans :

1°. Déterminer, par une loi réglementaire, un mode d'instruction, d'admission, et d'avancement pour les citoyens Français qui se destinent à la partie diplomatique et à celle des consulats.

2°. Ordonner qu'à cet effet toutes les places soient divisées en plusieurs classes, sur deux lignes, depuis celle d'ambassadeur, jusques à celle de sous-secrétaire de légation ; et depuis celle de consul général, jusques à celle de vice-chancelier, en y

comprenant même quelques places d'aspi-
rans, qui seroient employés pour leur instruction à un certain genre de travail dans
les bureaux, et sous la surveillance immé-
diate du ministre des relations extérieures.

3°. Ordonner qu'aucun individu ne puisse
parvenir aux premières places qu'après avoir
passé successivement par toutes les classes
intermédiaires, et avoir été en activité dans
chacune d'elles pendant un temps déterminé.

4°. Que le Directoire ne puisse nommer
pour remplir aucune de ces places, dans
telle classe quelconque qu'elle soit rangée,
qu'un individu qui soit choisi dans cette
même classe, ou au moins dans la classe
immédiatement inférieure.

5°. Que personne ne puisse être censé
appartenir à une classe quelconque, sans
avoir rempli et servi en activité dans l'une
des places assignées à cette classe.

6°. Que le Directoire ne puisse destituer
un citoyen, et le priver de son état, sans
avoir déduit des motifs suffisans : rien de
plus simple qu'il ne l'emploie pas, si ce citoyen n'a pas sa confiance : mais au moins
il jouira des appointemens attribués à ceux

de sa classe qui ne sont pas en activité.

Une pareille loi couperoit cours, à un grand nombre d'intrigues et d'injustices ; elle ne porteroit aucune atteinte au droit que la constitution donne au Directoire, de choisir ses agens comme il lui plaît : elle lui imposeroit seulement l'obligation de ne diriger ses choix que sur des hommes instruits : elle le débarrasseroit en même-temps des persécutions de cette foule de gens ineptes et avides de places, qui l'obsédent pour en obtenir, parmi lesquels il en est beaucoup qui n'ont d'autres titres qu'un patriotisme souvent imposteur, et toujours exagéré, avec le besoin de fuir un territoire arrosé du sang qu'ils ont fait répandre, où ils se sont gorgés de rapines, et où leur aspect fait horreur.

De l'Imprimerie de Besnier et compagnie, Cul-de-sac Conti, N°. 4, près la Monnoie.

www.ingramcontent.com/pod-product-compliance
Lightning Source LLC
Chambersburg PA
CBHW061331050726
47595CB00005B/1869